NORGE

NORWAY ~ NORWEGEN

Hovedfotografer:

KOLBJØRN DEKKERHUS og OLE PETTER RØRVIK

Tekst:

ULF MOEN

English translation

STEWART CLARK

Deutsche Übersetzung

HERBERT KRÄMER

Redigert ved:

BJØRN ØSTRAAT

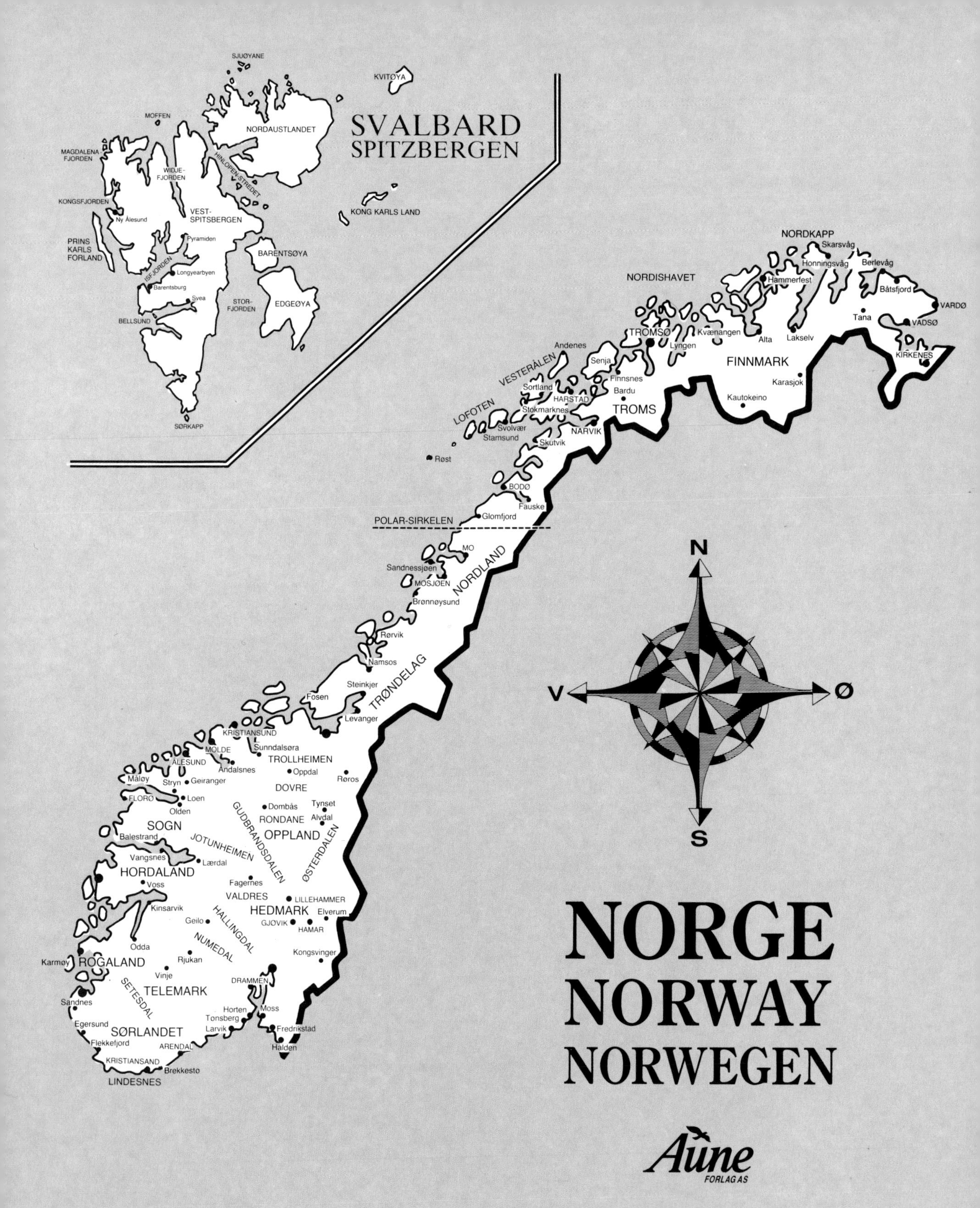

I tillegg til hovedfotografene har disse bidratt med fotos:
Knut Aune: s. 63 øverst, Giulio Bolognesi: s. 10 nederst, 22 nederst, Ole Dolva: s. 47 øverst, Otto Frengen: s. 64, Lars Grepstad: s. 20 øverst, Rude Foto: s. 9 øverst, Lasse Sondbø: s. 63 nederst, Jon Arne Sæter: s. 43, Bjørn Østraat: s. 41

This edition published 1989 by Aune Forlag AS Trondheim - Norway in cooperation with Colour Library Books Ltd., Godalming, Surrey, England.

ISBN 82-90633-11-4 ART. NR. 1029

NORGE

Norge er Europas nord-vestre skulder. Andre steder i verden hersker det arktiske forhold så langt mot nord, men her flyter Golfstrømmen langs kysten, og gir landet et behagelig nordisk klima. Det norske folket - en liten nasjon på bare fire millioner mennesker - har utnyttet disse mulighetene til å bygge ut et naturskjønt, men geografisk vanskelig land til et moderne og fritt samfunn. De mange fjordene og øyene er med på å gi det lange og smale landet en kystlinje på hele 60.000 kilometer.

Norge er et land med tilknytning både til hav og fjell. De store og små dalfører kommer ned fra høyfjellet med sine isbréer, fjellvidder og fiskevann. Fossefallene er bratte og dramatiske, og elvene er like ofte viltre og brusende som brede og rolige, når de flyter gjennom de store, viltrike skogene eller fruktbare jordbruksområdene.

Det er blitt et velstandsland bygget opp av et folk som først i vikingetiden omkring år 800 begynte å gjøre seg gjeldende ute i Europa. Landet ble kristnet omkring år 1.000. Den norske nasjonalhelgen, martyrkongen Olav Haraldsson, ble dyrket både i hele Norden og ute i Europa. Landet ble stadig mektigere i første del av middelalderen, og la under seg både Island, Grønland og Vesterhavsøyene. Det ble reist flere hundre stavkirker og de få bevarte kirker er enestående eksempler på norsk trearkitektur med sine rike utskjæringer i dragestil.

Svartedauen tok halve befolkningen omkring år 1350. Nedgangstider meldte seg samtidig som riksadelen døde ut. Norge kom i union med Danmark. Reformasjonen i 1536 tvang den siste nasjonale høvdingskikkelse, erkebiskopen i Nidaros, til å rømme landet. Norge ble den svake part i unionen helt til den ble oppløst i 1814. Landet fikk Europas frieste grunnlov før det ble presset inn i en løsere forening med Sverige. Et framskrittsrettet Norge fikk den konfliktfylte forbindelsen oppløst i 1905. Bare brutt av tysk okkupasjon 1940 - 45 har landet siden hatt sin frihet.

Fra midten av første årtusen synes myrmalm og edelt pelsverk å ha vært de viktigste salgsvarer. Etterhvert ble jordbruket hovednæringen - mens fisk og sild, tømmer, trelast og bergverksprodukter ble eksportert. Tusenårige tradisjoner gjorde Norge til et av verdens største sjøfartsland. Ishavsfangsten blomstret, og polarforskere som Fridtjof Nansen og Roald Amundsen bragte det norske flagg fra pol til pol. De store fossefallene ble grunnlag for en ny energikrevende industri, og oljeeventyret i Nordsjøen og Norskehavet har nå ført landet de siste skrittene inn i teknologiens tidsalder.

De mektige fjellkjeder Langfjellene, Jotunheimen og Dovre deler Sør-Norge i tre deler. Høyeste fjell er Galdhøpiggen på 2.469 meter. Det brede Østlandet dominerer både i folketall, jordbruk og industri med hovedstaden Oslo (450.000 innbyggere) som sentrum. Her finner vi Det Kongelige Slott, Storting og Regjering. Nationaltheatret, riksmuséene med vikingskipene, polarskipet Fram og Kon-Tiki-flåten er blant de største severdighetene. Middelalderfestningen Akershus preger den sentrale by.

Sørlandet med Kristiansand, som er den største i rekken av hvite byidyller og nye industristeder, er det frodige, grønne sommerparadis. I sørvest ligger Stavanger, den nordiske oljehovedstad. På Vestlandet med de berømte norske fjordene ligger Bergen som lenge dominerte rikets handel, og er landets nest største by med blant annet Bryggen som et bevart minne fra Hansatiden.

Nord for Dovre ligger Trøndelag, med Trondheim som var landets første hovedstad. Herfra seilte vikinghøvdingen Leiv Eiriksson da han fant Amerika i år 997. Stiftsgården, Den Kongelige Residens, er det fornemste bevarte eksemplet på senere trearkitektur. Verdens nordligste gotiske katedral, Nidarosdomen, preger fremdeles bybildet.

På Helgeland møter man Nord-Norge i skiftende og dramatisk natur før man ved polarsirkelen kommer inn i selve Midnattsolens Land. Bodø ligger ved Vestfjorden, innenfor Lofotens øyrekker. Malmhavnen Narvik, innerst i Ofotfjorden, er kjent fra siste krig. Litt lenger nord, mellom fjorder, øyer og fjell ligger ishavsbyen Tromsø. En by i stadig ekspansjon.

Helt i nord ligger Finnmark - reinsamenes hjemsted. Samene verner nå selv sin eldgamle kultur. Hele landsdelen ble brent av okkupantene under siste verdenskrig. Men både samebyene Karasjok og Kautokeino inne på vidda og byene, fiskeværene og industristedene langs kysten er gjenreist. Finnmark er selve Midnattsolens Eventyrland i Norge. Her finner man Nordkapp - som er det mest kjente sted å oppleve midnattsolen fra. Men enda lenger nord ligger øygruppen Svalbard med isfjell, isbjørner og gruvesamfunn. Her er polarnettene lyse som dagen i sommermånedene.

Norge kan by sine gjester langt mer enn bare naturopplevelser, for fritidsaktivitetene er mange. Vinter-Norge får stadig flere attraksjoner både for alpinister og for dem som foretrekker skiturer. Bre- og fjellvandrere, fjellklatrere, eller sportsfiskere og andre friluftsfolk har rike muligheter til å dyrke sine interesser. Norge har fremdeles god plass til alle.

NORWAY

The northwest shoulder of Europe, Norway, is far from being Europe's cold shoulder. Elsewhere, arctic conditions would prevail this far north, instead the warm waters of the Gulf Stream, bring a pleasant Scandinavian climate. The four million Norwegians live in a picturesque but challenging country which they have made into a leading, modern democracy. Visitors are amazed at the length of Norway. In fact, the ragged total coastline is 60 000 km long, including all the fjords and islands.

Norway is a country of the sea and mountains. The U-shaped valleys bring the meltwater down from the mountain icecaps, plateaus and lakes. The waterfalls are steep and dramatic. While the rivers either seem to be wild, bubbling torrents or wide, slow, calm sheets of water meandering through rich game forests and fertile, farming areas.

Norway's prosperity today is due to people whose ancestors marked their place in European history from 800 AD. The Vikings adopted Christianity from about 1000, but remained seafarers. By the early middle ages, Norway's north Atlantic empire stretched from Greenland, Iceland, to the Norwegian coast including Shetland, Orkney and the Faeroes. Hundreds of wooden stave churches were erected. The beautifully carved finials of the few remaining are reminders of Norwegian craftsmanship from this period.

The Black Death hit Norway in about 1350. Half the population died. Norwegian grandeur ebbed away and the nobility was decimated. Union with Denmark followed, and the Reformation in 1536 forced the last national leader, to flee into exile. Norway remained the weak partner until 1814. Though the Norwegian Constitution marked the end of Danish hegemony, a looser confederation with Sweden followed. Full independence was assumed in 1905, and apart from the German occupation in 1940 - 1945, independence brought a new era to Norway.

During the latter half of the first millennium, Viking traders seem to have specialized in bog iron and precious furs. Agricultural products then grew in importance, while fish, herring, timber, wood and minerals became significant export products. A thousand years of tradition has made Norway one of the major maritime nations in the world. Hardy explorers such as Fridtjof Nansen and Roald Amundsen raised the Norwegian flag on both poles. The industrial possibilities of hydropower attracted heavy industry to Norway. In recent times, the huge offshore petroleum deposits have brought Norway firmly into the age of high technology.

Southern Norway is divided by lofty mountain ranges such as Dovre and Jotunheimen. The southeast is the populous part of the country and dominates both agriculture and industry, with the capital Oslo (450 000 pop.) as the centre. Here is the Royal Palace, the Storting (parliament), the seat of Government, the National Theatre, and the national museums with historical gems such as authentic Viking ships, the polar vessel Fram and the Kon-Tiki. An impressive central landmark in Oslo is the medieval Akershus Castle.

The south coast is productive and fertile. Summer resorts abound upto and past Kristiansand, the largest of a succession of white timbered idyllic coastal towns. In the southwest is Stavanger, the Scandinavian oil capital. Northwards brings us to the famous fjords and Bergen, the second largest city and the historical trading centre of Norway. The restored wharves recall the days of the Hanseatic League.

Mid Norway and Trondheim lie north of the Dovre mountains. Trondheim was Norway's first capital city. It was here that Leiv Eiriksson left to discover America in 997. The Royal Residence is an eminent example of Scandinavian wooden architecture. Nidaros Cathedral, the world's northernmost Gothic cathedral, remains the most characteristic feature of Trondheim.

Helgeland, brings us into north Norway, sudden changes of scenery and dramatic landscapes. The land of the midnight sun starts at the Arctic Circle. Continuing northwards, we come to Bodø on Vestfjord, then the mountain peninsula of Lofoten and Vesterålen. The iron ore harbour at Narvik is famous from the Second World War. Further north, nestling between fjords, islands and the mountains is Tromsø, a rapidly-expanding town at the gateway to the Arctic.

The far north is Finnmark the home of the reindeer herders, the Same (Lapps). Conscious efforts are being made to preserve ancient traditions. Whole communities have been rebuilt after wartime destruction. Karasjok and Kautokeino are the two main Same towns on the inland plateau. Then there is North Cape, the spot to experience the midnight sun. In the high Arctic is the Svalbard archipelago, with glaciers, polar bears and mining communities. The nights here are daylit throughout the summer.

Visitors to Norway will find more than beautiful views. Take your choice of outdoor life, summer or winter: Skiing, mountain glacier tours and trekking, mountaineering. What about fishing in premier salmon rivers or in the sea? There is more than enough for everbody. Best of all, still abundant space to do it in. That's Norway.

NORWEGEN

Norwegen ist die nordwestliche «Schulter» Europas. Anderswo herrschen so weit nördlich arktische Verhältnisse, doch hier gibt der Golfstrom, der entlang der Küste fließt, dem Lande ein angenehmes nordisches Klima. Das norwegische Volk, eine kleine Nation von nur vier Millionen Einwohnern, hat, in einem Land mit schöner aber geographisch schwieriger Natur, eine moderne, freie Gesellschaft geschaffen. Mit seinen vielen Fjorden und Inseln hat dies lange, schmale Land eine Küste von nicht weniger als 60 000 km.

Norwegen verbindet man mit Meer und Gebirge. Die großen und kleinen Täler haben ihren Ursprung im Hochgebirge mit seinen Gletschern, Hochebenen und fischreichen Gewässern. Die Wasserfälle stürzen steil und dramatisch herab, die Flüsse sind wild und reißend, ehe sie breit und ruhig durch die großen, wildreichen Wälder oder fruchtbaren Ackerbaugebiete fließen.

Ein Volk, das sich erst um das Jahr 800 herum in Europa bemerkbar machte, hat aus dem Land einen Wohlfahrtsstaat gemacht. Zu Beginn des Mittelalters eroberte Norwegen die Herrschaft über Island, Grönland und die nordatlantischen Inseln. Man errichtete mehrere hundert Stabkirchen. Die wenigen bewahrten sind mit ihren reichen Schnitzereien im Drachenstil einzigartige Beispiele norwegischer mittelalterlicher Holzbauweise.

Im Jahre 1350 raffte die Pest die Hälfte der Bevölkerung dahin. Zur gleichen Zeit starb der Reichsadel aus. Norwegen kam in Personalunion mit Dänemark. Bis zur Auflösung 1814 war Norwegen stets der schwächere Teil der Personalunion. Dann bekam das Land die freieste Verfassung Europas, wurde aber in eine losere Verbindung mit Schweden gezwungen. Im Jahre 1905 wurde diese konfliktreiche Verbindung endlich aufgelöst. Unterbrochen nur durch die deutsche Besetzung 1940 - 45 hat das Land seither in Freiheit gelebt.

Seit der Mitte des ersten Jahrtausends scheinen Eisenerz und edle Rauchwaren die wichtigsten Handelswaren gewesen zu sein. Tausendjährige Traditionen machten Norwegen zu einer der größten Seefahrernationen der Welt. Fisch-, Wal- und Robbenfang im Eismeer erlebten eine Blüte, und norwegische Polarforscher, wie Fridtjof Nansen und Roald Amundsen, hißten die norwegische Fahne auf beiden Polen. Die großen Wasserfälle bildeten die Grundlage für eine neue Industrie mit hohem Energieverbrauch, und das «Erdöl-Märchen» in Nordsee und europäischem Nordmeer führten das Land endgültig ins Zeitalter der Technologie.

Die mächtigen Gebirgsketten Langfjellene, Jotunheimen und Dovre teilen Südnorwegen in drei Teile. Nach Bevölkerungszahl, mit ihrem Ackerbau und ihrer Industrie am bedeutendsten ist die Region Østlandet mit der Hauptstadt Oslo (450 000 Einwohner) als Zentrum. Hier liegen das Königliche Schloß, das Parlament (Storting) und die Regierung. Das Nationaltheater, die Reichsmuseen mit den Wikingerschiffen, das Polarschiff Fram und das Kon-Tiki-Floß gehören zu den größten Sehenswürdigkeiten.

Der Landesteil Sørlandet (Südland) mit Kristiansand als größter der weißen idyllischen Städte ist ein fruchtbares, grünes Sommerparadies . Im Südwesten liegt Stavanger, die nordische Hauptstadt des Erdöls. Im Landesteil Vestlandet (Westland) mit den berühmten norwegischen Fjorden liegt Bergen, die zweitgrößte Stadt des Landes, welche lange Zeit den Handel des Reiches dominiert hat und in Bryggen, den historischen Landungsbrücken und Speicherhäusern, ein Erinnerungsstück an die Hansezeit bewahrt hat.

Nördlich des Gebirges Dovre liegt die Region Trøndelag mit Trondheim, der ersten Hauptstadt. Von hier aus machte sich der Wikingerhäuptling Leiv Eiriksson auf den Weg, der ihn 997 Amerika entdecken ließ. Nach wie vor prägt der Nidarosdom, der Welt nördlichste gothische Kathedrale, das Stadtbild.

In der Region Helgeland trifft man auf Nordnorwegens abwechslungsreiche und dramatische Natur, und kommt nördlich des Polarkreises dann auch in das Land der Mitternachtssonne. Bodø liegt am Vestfjord in der Nähe der Inselketten der Lofoten und Vesterålen. Der Erzausschiffungshafen Narvik am Ofotfjord sind vom 2. Weltkrieg her bekannt. Etwas weiter nördlich, liegt die Eismeerstadt Tromsø, der größte Fischerehafen Norwegens.

Ganz im Norden liegt die Region Finnmark, die Heimat der Rentier-Lappen. Die Lappen pflegen heute bewußt ihre uralte Kultur. Der ganze Landesteil wurde während des 2. Weltkriegs von den Besatzern niedergebrannt. Aber sowohl die Lappenstädte Karasjok und Kautokeino im Innern auf der Hochebene, als auch die Orte, Fischerdörfer und Industrieansiedlungen an der Küste sind wiederaufgebaut. In der Finnmark befindet sich auch das Nordkap, wo man am besten die Mitternachtssonne erleben kann. Noch weiter nördlich liegt die Inselgruppe Svalbard (Spitzbergen) mit Eisgebirgen, Eisbären und Grubenortschaften. Hier findet das Märchen der hellen Polarnächte mehrere Sommermonate hindurch statt.

Norwegen bietet seinen Gästen viel mehr als Naturerlebnisse, es bietet auch viele Freizeitmöglichkeiten. Norwegen erhält ständig neue Attraktionen für den Alpinisten und Skiwanderer, Gletscher- und Bergwanderer, Bergsteiger oder Sportangler in Fluß, See oder Meer - Alle haben die allerbesten Möglichkeiten, ihren Interessen zu frönen. Norwegen hat noch Platz für Alle.

Det Kongelige Slott. Oslo. H.K.H. Kong Olav V.

The Royal Palace. Oslo. H.R.H. King Olav V.

Das Königliche Schloß. Oslo. S.K.M. König Olav V.

RESTA

VESTA HYGEA

Forrige oppslag: øverst, fra populære Aker Brygge, Oslo Rådhus i bakgrunnen.
Nederst: Akershus Festning i kveldsbelysning.
Høyre side: Stortingsbygningen med Studenterlunden i forgrunnen. Denne side: over, Den kjente Holmenkollbakken. Til venstre: Fra Oslo's travle «promenadegate» Karl Johan.
Til høyre: øverst, Parti fra Vigelandsparken og nederst, den gamle Universitetsbygningen.

Previous page: top, the popular Aker Brygge, with Oslo City Hall in the background. Below: Akershus Castle in the evening. Right: The Storting (Parliament), Studenterlunden Park in the foreground. This page: top, the famous Holmenkollen ski jump. Left: On Oslo's busy main street, Karl Johan. Facing: top, Vigeland's Park and bottom, the original university buildings on Karl Johans gate.

Vorige Doppelseite: Oben - das beliebte Aker Brygge, Rathaus im Hintergrund.
Unten: Festung Akershus im Flutlicht.
Rechte Seite: Parlament (Stortinget) mit Studenterlunden im Vordergrund.
Diese Seite: Oben - Holmenkollen - die bekannte Sprungschanze. Links: Oslos beliebte «Promenierstraße» Karl Johan. Rechts: der große Vigelandspark (oben) und die alte Universität (unten).

Til venstre: Parti fra Blomstertorget i Drammen.
Under: Fra havna i Halden med Fredriksten Festning fra 1661 i bakgrunnen.
Til høyre: Livlig småbåttrafikk gjennom Blindleia ved Lillesand.

Left: The flower market in Drammen.
Below: The harbour in Halden with Fredriksten Fortress from 1661 in the background.
Facing: Bustling boats passing through Blindleia, off Lillesand

Links: Partie vom Blumenmarkt in Drammen.
Unten: Ausschnitt des Hafens in Halden mit der Festung Fredriksten von 1661 im Hintergrund.
Rechts: Lebhafter Bootverkehr durch Blindleia bei Lillesand.

N-3616

Til venstre øverst: Utsikt over Sørlandets «hovedstad» Kristiansand. Nederst: Den 88 m. høye Månafossen, i nærheten av Frafjord, er den høyeste i Rogaland.

Til høyre: Lindesnes Fyr fra 1915. Det sørligste punkt på Norges fastland.
Under: Prekestolen, stuper 600 m rett ned i Lysefjorden.

Top left: Kristiansand, the «capital» of the south coast. Below: Måna Falls, a popular sight with a fall of 88 m. The highest in Rogaland county.

Right: Lindesnes lighthouse from 1915. The southern tip of mainland Norway.
Below: Prekestolen, a 600 m sheer drop into the Lyse Fjord.

Links oben: Blick auf die «Hauptstadt» der Region Sørlandet, Kristiansand.
Unten: Måna-Fall mit einer Fallhöhe von 88 m der höchste in der Region Rogaland.

Rechts: Der Lindesnes-Leuchtturm ist der südlichste Punkt des Festlandes.
Unten: Prekestolen fällt 600 m direkt ab bis zum Lysefiord.

SKAGEN
Dickens
DnC

Stavanger. Øverst: Bryggene ved Vågen. Valbergtårnet i bakgrunnen. Til venstre: Natt ved Breiavatnet. Over: Blomstertorget. Domkirken og Kielland-statuen i bakgrunnen.

Stavanger. Facing: top, Wharves at Vågen. The old firetower, in the background. Below: Night comes to Breiavatnet. Above: Flower market, Cathedral and statue of Alexander Kielland.

Stavanger. Oben links: Speicherhäuser am Vågen. Der alte Valbergturm im Hintergrund. Links: Nacht am Breiavatnet. Oben: Blumenmarkt mit Dom und Kiellandstatue.

FJORDBRIS
KYVIK

Venstre side, øverst: I Nordsjøen pågår utvinning av olje og gass. Her er Gullfaks A-plattformen med Gullfaks B i bakgrunnen.
Til venstre: Haugesund. Parti fra den travle havna i Smedasundet.
Over: Fruktblomstring i Ulvik, Hardanger.
Til høyre: Folkedansere fra Hardanger.

Facing: Oil and gas production out on the North Sea. Gullfaks A-platform with Gullfaks B in the background. Below: Haugesund, the busy harbour at Smedasundet. This page, top: Apple blossom in Ulvik, Hardanger. Right: Hardanger folk dancers.

Oben links: Draußen in der Nordsee fördert man Erdöl und Gas. Die Bohrinsel Gullfaks A, Gullfaks B - im Hintergrund.
Links: Haugesund, Partie des lebendigen Hafens im Smedasund.
Oben: Baumblüte in Ulvik, Hardanger.
Rechts: Hardangerpaar beim Volkstanz.

Bergen ligger vakkert til mellom fjord og fjell. Over: Fra Vågen med Korskirken og Domkirken mot Fløyfjellet. I bakgrunnen, Ulriken, ca. 600 m.o.h.
Til venstre: Fisketorget ved bunnen av Vågen er byens livlige markedsplass. Til høyre: Bergens attraksjon nr. 1; Fløybanen på vei opp til Fløyfjellet, en av byens flotte utsiktspunkter. Neste oppslag: Bergen, med Vågen i forgrunnen sett fra fly.

Bergen is beautifully situated between the fjord and the mountains. Top: From Vågen with the Cathedral towards Fløyen. Ulriken (600 m) in the background. Left: the fish market by Vågen is Bergen's lively market place. Facing: A lofty attraction in Bergen, the mountain railway ascending Fløyen, there is a magnificent panorama from the top. Overleaf: Aerial view of Bergen with Vågen in the foreground.

Bergen liegt schön zwischen Fjord und Gebirgen.
Oben: Blick vom Vågen mit Kreuzkirche und Dom.
Im Hintergrund Ulriken, etwa 600 m ü.M.
Links: Fischmarkt am Vågen, der belebte Marktplatz der Stadt.
Rechts: Bergens Hauptattraktion, die Fløybahn auf dem Weg zum Berg Fløyfjellet, einem der schönsten Aussichtspunkte der Stadt.
Nächste Doppelseite: Bergen mit Vågen im Vordergrund aus der Luft.

FLØI BANEN
2

Øverst: Fra det populære turiststedet Voss. Over: Sommerdag ved Sognefjellshytta. Til høyre: Utsikt mot Flåm i Sognefjorden.

Top: Voss a popular tourist resort. Above: A summer day at the Sognefjell mountain lodge. Facing: View towards Flåm in the Sogne Fjord.

Oben: Ansicht von dem beliebten Ferienort Voss. Darunter: Sommertag an der Sognefjells - Hütte. Rechts: Ausblick auf Flåm am Sognefjord.

Stavkirkene er fra midten av 1200-årene. I dag er ca. 25 av disse kirkene bevart. Øverst til venstre: Heddal Stavkirke, landets største, ligger 6 km fra Notodden.
Over: Hopperstad Stavkirke ved Vik i Sogn. Til venstre: Borgund Stavkirke, Lærdal i Sogn.

Til høyre øverst: Kanefart ved Sjusjøen nær Lillehammer.
Til høyre: På skitur i Rondane.

Stave churches were built in the 12th and 13th centuries. Only about 25 remain today. Top, left: Heddal Stave Church, Norway's largest, 6 km from Notodden.
Above: Hopperstad Stave Church in Vik, Sogn.
Left: Borgund Stave Church in Lærdal, Sogn.

Facing, top: Sleigh ride, Sjusjøen, near Lillehammer.
Right: Touring the mountains on skis in Rondane.

Die Stabkirchen wurden im 12. und 13. Jahrhundert erbaut. Heute gibt es noch etwa 25. Oben links: Die Heddal - Stabkirche, die größte des Landes, liegt 6 km von Notodden.
Daneben: Die Hopperstad-Stabkirche bei Vik in Sogn.
Links: Die Borgund-Stabkirche, Lærdal i Sogn.

Rechts oben: Schlittenfahrt am See Sjusjøen bei Lillehammer. Rechts: Auf Skitour im Gebirge Rondane.

Lillehammer er et av Norges mest populære turiststeder, - og arrangør av VINTER–OL 1994.
Over: Hjuldamperen «Skibladner» på Mjøsa. Til venstre: Parti fra De Sandvigske Samlinger på Maihaugen, et av landets største friluftsmuséer.
Til høyre: Vinterbyen Lillehammer. Øverst: Torvet med Rådhuset.

Lillehammer has always been a favourite among tourists to Norway. The town will host the 1994 Winter Olympics. Top: The paddle steamer «Skibladner» on Lake Mjøsa. Left: Maihaugen, one of the county's largest outdoor museums.
Facing: Winter in Lillehammer. Top: The Market Place with the Town Hall.

Lillehammer ist einer der beliebtesten Ferienorte Norwegens und Ausrichter der Winterolympiade 1994. Oben: Raddampfer «Skibladner» auf dem See Mjøsa. Links: Partie der Sandvigschen Sammlungen auf Maihaugen, einem der größten Freilichtsmuseen des Landes.
Rechts: Der Wintersportort Lillehammer. Oben: Blick auf Markt mit Rathaus.

E6

Velkommen TIL
LILLEHAMMER

Sommerdag på Strynefjellet.
Summer in the Strynefjell mountains.
Sommertag in Strynefjellet.

Parti fra Loen mot Kjenndalsbreen.
Loen near the Kjenndal glacier.
Partie von Loen in Richtung Kjenndalsgletscher.

Hesteskyss ved Briksdalsfossen. Breen i bakgrunnen.
Horse and trap at Brikdal falls. The glacier in the background.
Pferdekalesche am Briksdalfall. Gletscher im Hintergrund.

Til venstre: Utsikt over den vakre Geirangerfjorden.

Over: Norges største fiskerihavn Ålesund, sett fra Aksla. Til høyre: Fra «Rosenes by» Molde, med Domkirken. Nedenfor: Fra havna i Kristiansund, byen som er bygd på 3 øyer.

Facing: The splendour of the Geiranger Fjord.

Top: Ålesund, one of Norway's largest fishing ports. Right: The town of roses - Molde, and its cathedral. Below: Kristiansund, a town built on three islands.

Links: Ausblick über den schönen Geirangerfjord.

Oben: Ålesund, einer der größten Fischerreihäfen Norwegens, von Aksla aus gesehen. Rechts: Die «Stadt der Rosen», Molde, mit Dom. Unten: Kristiansund, die Stadt auf drei Inseln.

Til venstre: Trollstigveien slynger seg i 11 svinger, og med en stigning på 1:12 oppover fjellsiden under «Bispen» (1475 m.o.h.). I bakgrunnen «Kongen» (1593 m.o.h.).
Til høyre: Bergstaden Røros, Norges eneste høyfjellsby (628 m.o.h.)
Nedenfor: Høst på Dovrefjell.
I bakgrunnen: Snøhetta (2286 m.o.h.)

Facing: The 11 hairpins on the Trollstigen road, with a 1:12 climb up the mountain-side below «Bispen» (1475 m) with «Kongen» (1593 m) in the background.
Right: Røros (628 m). The only high mountain town in Norway.
Below: Autumn in the Dovre mountains «Snøhetta» in the background (2286 m).

Links: Die Trollstig-Straße windet sich in 11 Serpentinen und mit einer Steigung von 1:12 die Berghänge unter dem «Bispen» (1475 m ü.M.) hinauf. Im Hintergrund der «Kongen» (1593 m ü.M).
Rechts: Røros,
Norwegens einzige Gebirgsstadt (628 m ü.M.)
Unten: Herbst im Dovre-Gebirge.
Im Hintergrund «Snøhetta» (2286 m ü.M).

BRYGGEN

Forrige oppslag: øverst, torvet med Vår Frue Kirke, og statuen av Olav Tryggvason. Nederst: Den Gamle bybro med Kristiansten Festning i bakgrunnen. Høyre side: Nidarosdomens Vestfront med rekker av apostel- og helgenstatuer. Denne side over: Utsikt over Trondheim, Norges tredje største by og en av Skandinavias eldste byer (fra år 997). Til høyre, øverst: Hurtigruta passerer Munkholmen like utenfor byen. Nederst: Tele-, utsikts- og restauranttårnet på Tyholt. Neste oppslag: øverst, Austråtborgen, gammelt slott på Ørlandet ved Trondheimsfjorden. Nederst: Sportsfiske i Namsen. Høyre side: Parti fra Roan i Fosen.

Previous pages: Trondheim. Top, left: The Market Place and the Church of Our Lady.
Below: The Old Town Bridge.
Right: Nidaros Cathedral's magnificent west front, with rows of statues of the apostles and saints.
This page: top, Trondheim, Norway's third largest city from 997, one of the oldest in Scandinavia.
Facing: top, The Express Coastal Steamer passing Munkholmen Island, just off Trondheim.
Below: The tele/observation and restaurant tower at Tyholt.
Overleaf: Austråt, a historical manor near Ørland on the Trondheim Fjord.
Below: Fishing in the River Namsen.
Facing: View of Roan on the Fosen peninsula.

Vorige Doppelseite: Markt mit Liebfrauenkirche und Olav-Tryggvason-Statue. Unten: Alte Stadtbrücke mit der Festung Kristiansten im Hintergrund. Rechts: Westfront des Nidarosdoms mit Reihen von Apostel- und Heiligenfiguren. Diese Seite: oben, Blick auf Trondheim, Norwegens drittgrößter Stadt und einer der ältesten Städte Skandinaviens (997 n.Chr.) Rechts - oben: Küstenfährschiff passiert die Insel Munkholmen bei Trondheim. Rechts: Fernseh-, Aussichts- und Restauranturm im Stadtteil Tyholt.
Nächste Doppelseite: oben, Austråt, ein alter Herrensitz auf Ørland am Trondheimsfjord.
Unten: Angler im Fluss Namsen.
Rechte Seite: Partie von Roan in Fosen.

Svartisen. Engabreen i Holandsfjord. Nordland.

Svartisen. The Enga glacier in Holands Fjord, Nordland.

Svartisen - Engagletscher am Holandsfjord. Nordland.

Bodø og omegn: Til venstre: Parti fra havna. Nedenfor: Norges kraftigste tidevannsstrøm; Saltstraumen, med Børvasstindan i bakgrunnen. Til høyre øverst: Midnattsol ved Landegode. Nederst: Det gamle handelsstedet Kjerringøy nord for Bodø.

Bodø and region: Left: Bodø harbour. Below: Norway's most powerful tidal current, with the peak of Børvasstindan in the background. Facing: top, Midnight sun at Landegode. Below: Kjerringøy, a charming, traditional trading centre, north of Bodø.

Bodø und Umgebung: Links: Partie vom Hafen. Unten: Norwegens stärkster Gezeitenstrom, Saltstraumen, mit Børvasstindan im Hintergrund. Rechts oben: Mitternachtssonne bei Landegode. Unten: Der alte, idyllische Handelsort Kjerringøy nördlich Bodøs.

Lofoten, øygruppen nord for Vestfjorden med ville og mektige fjell, og mange små idylliske fiskevær. Venstre side øverst, Nusfjord på Flakstadøy.
Til venstre: Fjellklatring, populær sport i Lofoten. Helt til venstre: Havna i Henningsvær.
Over: «Svolværgeita» i Svolvær.

Lofoten, a chain of steep, jagged mountainous islands with small fishing harbours north of Vestfjord. Top, left: Nusfjord and Flakstad Island.
Left: Mountaineering is a popular sport in Lofoten. Far left: the harbour in Henningsvær. Top: A well-know mountain top, the «Svolværgeita», Svolvær.

Lofoten, Inselgruppe nördlich des Vestfjords mit vielen kleinen Fischerorten. Oben links: Nusfjord bei Flakstadøy. Links: Bergsteigen, ein beliebter Sport auf den Lofoten. Ganz links: Hafen in Henningsvær. Oben: Der charakteristische «Svolværgeita» in Svolvær.

Til venstre: Hurtigruta i Trollfjorden. Til høyre: Hadselbrua i Vesterålen. Nedenfor: Parti fra fiskeværet Hamnøy på Moskenesøya i Lofoten.

Left: Express Coastal Steamer in Trollfjord. Facing: Hadsel bridge in Vesterålen. Below: The fishing village at Hamnøy on Moskenesøy , Lofoten.

Links: Küstfährlinie im Trollfjord.
Rechts: Hadselbrücke, Vesterålen.
Unten: Partie vom Fischerort
Hamnøy auf der Insel Moskenesøy auf den Lofoten.

Til venstre: Harstad ligger i frodige omgivelser på østsiden av Hinnøya, Norges største øy.
Nedenfor: Narvik. Utsikt over torget med «Den Sovende Dronning» i bakgrunnen.
Til høyre: Tromsø. Utsikt over ishavsbyen, med Tromsø-brua og «Ishavskatedralen». I bakgrunnen Tromsdalstind (1238 m.o.h.).

Left: Harstad lies in a fertile setting on the east side of Hinnøy. The largest island in Norway.
Below: Narvik, the iron ore port, in the inner reaches of Ofotfjord.
Facing: Panorama of Tromsø, a town linked to the Arctic Ocean, showing Tromsø bridge and the Arctic Cathedral. Tromsdalstind (1238 m) in the background.

Links: Harstad liegt auf der Ostseite von Hinnøya, der größten Insel Norwegens.
Unten: Narvik, die Erzausschiffungsstadt am Ofotfjord.
Rechts: Die Eismeerstadt Tromsø mit Tromsøbrücke und «Eismeerkathedrale». Im Hintergrund Tromsdaltind (1238 m ü.M.).

Til venstre: Parti fra havna i Tromsø.
Nedenfor: Tromsø sett fra Fløyfjellet.
Til høyre, øverst: Nordlandsbåt, Balsfjord i Troms. Nederst: Parti fra Signaldalen i Troms med Otertind (1360 m.o.h.) i bakgrunnen.

*Left: Part of the harbour in Tromsø.
Below: Tromsø from Fløyfjellet.
Facing: top, Traditional Nordland sloop. Balsfjord in Troms county. Below: Signaldalen in Troms, with Otertind (1360 m) in the background.*

Links: Hafenpartie in Tromsø.
Unten: Blick auf Tromsø vom Fløyfjell.
Rechts oben: Nordlandsboot, Balsfjord - Region Troms.
Unten: Partie von Signaldalen in der Region Troms mit dem Otertind (1360 m ü.M.) im Hintergrund.

Finnmark. Til venstre, øverst: Laksefiske i Altaelva, sportsfiskernes eldorado.
Nedenfor: Altagård, stamkvarter for Alta Bataljon og Finnmark landforsvar.
Til venstre: Sautso, Nord-Europas største canyon.

Over: Hammerfest, Finnmarks største, og verdens nordligste by.
Til høyre: Fiskeværet Honningsvåg, innfallsporten til Nordkapp.

Finnmark county. Left, top: Salmon fishing in the River Alta, a fisherman's paradise. Below: Alta manor, the regional battalion headquarters. Bottom: Sautso, the largest canyon in northern Europe.

Top: View of Finnmark's main town. The northernmost town in the world, Hammerfest. Right: Honningsvåg, a fishing port close to North Cape.

Finnmark. Links - oben: Lachsangeln im Flusse Alta, ein Eldorado für Angler.
Darunter: Altagård, Stationierungsort für das Bataillon Alta u.a.
Unten: Sautso, Nordeuropas größter Cañon.

Oben: Blick auf Finnmarks größte und der Welt nördlichste Stadt, Hammerfest.
Rechts: Der Fischerort Honningsvåg, das «Eingangstor» zum Nordkap.

Nordkapp. (71°10'21" N). Fra denne 307 m. høye, steile klippen som er en av norskekystens mest kjente og besøkte steder, kan man se midnattssolen fra 14. mai til 30. juli.

North Cape (71°10'21"N). This 307 m cliff is Norway's most famous coastal landmark. Visitors flock here to see the midnight sun from 14 May to 30 July.

Nordkap (71°10'21" N). Von dieser 307 m hohen, steilen Klippe, einem der bekanntesten und meistbesuchten Orte der norwegischen Küste, kann man vom 14. Mai bis 30. Juli die Mitternachtssonne sehen.

Til venstre, øverst: Blomsterprakt på Finnmarksvidda. Nedenfor: Reinsdyrflokk. Nederst: Finnmarkskysten. Kjølnes fyr ved Berlevåg. Til høyre: Samejenter i sine karakteristiske drakter.
Nederst: Samene bor i telt når de driver sine reinsdyrflokker på vidda.

Facing: top, Sparking floral display, summer on the Finnmark plateau. Below: Reindeer herds. Bottom: Kjølnes lighthouse, near Berlevåg on the coast of Finnmark. Right: Same (Lapp) girls in national costume. Below: It is tent life for the Same when reindeer herding on the plateau.

Links - oben: Sommerliche Blütenpracht auf der Finnmarksvidda (Hochebene).
Darunter: Rentierherde.
Unten: Die Küste von Finnmark. Leuchtturm Kjølnes bei Berlevåg.
Rechts: Lappenmädchen in ihren charakteristischen Trachten.
Unten: Die Lappen wohnen in Zelten, während sie ihre Rentierherden auf der Hochebene hüten.

Over: Gruvebyen Kirkenes, som er endepunktet for hurtigruta, ligger på sørsiden av Varangerfjorden.
Til venstre: Kong Oscars kapell, like ved grensen til Sovjet.
Høyre side, øverst: Øygruppen Svalbard som ligger mellom 74⁰ - og 81⁰ N., får om sommeren ofte besøk av turistskip. Nederst: Longyearbyen ved natt.
Neste side: I isbjørnens rike, Svalbard.

Top: Kirkenes, mining town and terminus for the Express Coastal Steamer service on the Varanger Fjord. Left: King Oscar's Chapel, just by the frontier to the USSR. Facing: The Svalbard archipelago, 74⁰ - 81⁰ N. The highlight of many summer cruises. Below: Night in Longyearbyen.
Overleaf: Polar bear country, Svalbard.

Oben: Kirkenes, die Grubenstadt, die Endpunkt der Küstenfährschiffslinie (Hurtigruta) ist, liegt auf der Südseite des Varangerfjords.
Links: Die König-Oskar-Kapelle direkt an der Grenze zur Sowjetunion.
Rechts: Die Inselgruppe Svalbard (Spitzbergen), die zwischen 74⁰ und 82⁰ N liegt, bekommt sommers oft Besuch von Kreuzfahrtschiffen.
Unten: Longyearbyen bei Nacht.
Nächste Seite: Im Reiche des Eisbären, Svalbard.